지구 어디라도
앉을 곳은 있다

TCS 1
(Today's Culture Series 1)

지구 어디라도
앉을 곳은 있다

초판 1쇄 발행   2022년 4월 18일

지은이   김시언
펴낸이   신덕례
편집장   권혜영
펴낸곳   우리시대
               경기도 고양시 덕양구 마상로 102번길 53
SNS   woorigeneration
Email   woorigeneration@gmail.com

교열교정   허우주
디자인   토라디자인 (010-9492-3951)
유통   기독교출판유통

ISBN   979-11-85972-43-5   03230

가격   10,000

지구 어디라도
앉을 곳은 있다

추천사

1988년 일본을 방문한 나는 선진화된 문화와 국민소득이 높은, 잘 사는 나라인 일본이 부러웠다. 1990년 호주를 방문했을 때는 드넓은 대지와 여유로워 보이는 사람들의 삶이 아름다워 보였다. 여행은 관점을 바꾸기도 하고 삶의 가치관을 바꾸기도 한다.

30대 후반에 접한 일본 나들이는 새로운 세상을 향한 나의 첫걸음이었다. 헌데 작가는 20대 초반에 새로운 세상을 향한 첫걸음을 시작했다. 그 나이에 관점과 삶의 가치관이 바뀐다면 그가 열어갈 세상은 넓고 클 수밖에 없을 것이다.

꿈은 누구나 꾼다.

그 꿈 안에 무엇이 담겼는가는 그의 삶으로 드러난다. 지구촌은 자신의 꿈을 이루려는 자들로 가득하다. 그런 지구촌 세상 사람들을 만나보면서 작가는 하나님의 꿈을 기억해냈다. 작가의 메시지와 사진 안에는 하나님의 꿈이 보인다.

이 책은 또래의 친구들에게 무엇을 하며 살 것인가를, 부모 세대에겐 남은 삶을 어떻게 살 것인가를 제시하는 좋은 책이기에 추천한다.

김석균목사(찬양사역자)

"지구 어디라도 앉을 곳은 있다" 이 말에 탄성을 뱉었다. 누구나 갈 수 있는 곳이지만 아무나 생각할 수 없는 시선을 볼 수 있어서 좋았다. 저자가 앉았던 곳에 앉아서 커피 한잔 하고 싶다.

신동식목사(빛과소금교회, 문화와설교연구원 대표)

이 책에는 한줄 한줄 기존의 고정관념들을 깨뜨려주는 말이 담겨 있습니다. 제 눈이 되게 작은 편인데, 연신 깨달음과 감탄으로 눈이 좀 더 커진 것 같습니다. (웃음) 이 책과 함께 당신의 인생이 '내일 뭐 하지?'에서 '내일이 궁금하다.'로 바뀌길 바랍니다.

김건희(예수 믿는 청년 연극배우)

처음에는 어린 아이의 눈으로, 읽다 보면 늠름한 청년의 눈으로 세계 곳곳을 바라보는 성장 일기. 짧은 사색과 함께 다양한 여행지에서의 사진들을 자연스럽게 볼 수 있어서 여행이 제한적인 이 시국에 가볍게 보기 좋은 책.

맨즈 라이프 스타일 유튜버 클래씨(Classsy TV)

초등학교 5학년 때 중동으로 떠난 가족 여행부터 해군 시절 군함을 타고 세계 일주를 한 경험까지. 누구나 쉽게 할 수 없는 탐나는 그의 여행 일지에서 내가 발견한 건 편견, 두려움, 용기, 시련 같은 삶의 본질적인 물음이었다. 작가는 군함을 타고 전세계를 돌았고, 나는 이 책을 통해 삶의 본질을 돌아볼 수 있었다.

김경희(컨셉진 편집장)

지구 어디라도 앉을 곳은 있다

성지순례

From,

Jordan, Syria, Israel, Egypt, Jordan, Middle East

비전에 대하여

From. Jordan

초등학교 5학년. 내 생에 첫 해외여행이 시작되었다. 요르단, 시리아, 레바논, 이집트, 이스라엘 …

지금도 마찬가지겠지만, 늦은 저녁 창문 밖에는 AK-47의 굉음이 울려 퍼졌고, 아침과 오후 3시에는 모스크에서 알라를 향해 기도하는 방송이 송출되었다.

당시 나는 어렸었기 때문에 두려울 게 없었지만, 부모님은 상당한 공포를 느끼셨을 것이다. 지금의 나였다면, 매일 밤 사시나무 떨듯 이불속에 몸을 숨겼을 터.

왜 부모님은 첫 가족 해외여행으로 중동을 선택하셨을까? 성지 순례라는 명분이 있지만, 이러나저러나 약 한 달간의 여행이 내 삶에 큰 의미를 부여했다는 것은 분명하다.

이야기에 앞서 비전에 관해 나누고 싶다.

'비전(Vision)' 사전적 의미는 시력, 시각, 상상력, 보이지 않는 것을 마음속에 그리는 통찰력, 직감을 통한 상상도, 미래도, 눈에 띄는 광경을 뜻한다. 비전이란 개인의 미래에 대한 구상이자 미래상이

며, 새로운 세상과 미래에 대해 열정을 품고 그 꿈과 목표를 향해 움직이는 엔진이다. 즉, 미래에 대한 마음속의 내비게이션이라고 볼 수 있다.

인간이 살아감에 있어 올바른 가치관에 입각된 비전은 반드시 필요하다. 비전은 현재의 행동에 가장 근본적인 영향을 끼치며, 의미와 중요성을 더해주고 불안과 불확실성

을 감소시키기 때문이다.

　부모님은 당신의 아들들이 비전을 품을 수 있는 최적의 장소로 중동을 선택하셨다. 풀 한 포기 없는 광활한 광야와 그곳에서 생활하는 베두인과 양떼들 … 정해진 길 없이 떠도는 그들의 모습에서 무언가 발견하길 바랐던 것은 아닐까? 이를 테면 '내가 걸어가는 길이, 길이 되는 것' 같은 인생관 말이다.

　어릴 적 경험 덕분에 세계를 바라보는 시각에 변화가 생겼는데, 아이러니하게도 지구가 좁게 느껴졌다. 사람 사는 곳 다 똑같고, 세

상 어느 곳이든 나 하나 앉아 쉴 곳이 있다. 당연한 사실이지만, 직접 보고 나니 현재의 삶이 밝지 않더라도 낙담할 필요가 없어졌다. 고난의 순간 조급하지 않고 주위를 둘러보면, 잠깐 한숨 돌릴 의자가 보이기 때문이다.

어쩌면 비전이란, 나만 볼 수 있는 지도가 아닐까 싶다. 사람마다 가치관의 차이가 있기에 정답은 없지만, 분명 비전은 필요하다. 그것은 평생 당신의 곁에서 질문을 던지며, 당신이 성장하기를 기다릴 것이다. 그렇게 점점 자신만의 답을 찾다 보면, 인생의 어떠한 고난과 역경도 이길 힘이 생길 것이다.

분노

From. Syria

시리아 다마스쿠스에는 5000년 역사의 시장이 있다. 시장은 언제나 북새통이었고 유독 양젖으로 만든 아이스크림의 달짝지근했던 추억은 여전히 내 기억 속에 남아있다.

하지만 이제 그때와 같은 모습은 볼 수 없다.

지속되는 내전과 IS의 테러로 인해 수많은 사람이 목숨을 잃고

다쳤다. 그중에는 어린아이들도 있
었다. 희생된 사람 중 정치 세력에
연관 있는 사람이나 테러단체의 일
원은 없었다. 그저 누군가의 분노로
일어난 참극이었다.

사람들은 종종 분노를 하나의
감정으로만 생각한다. 일정부분은
맞지만, 우리의 일상생활 속의 분노
는 도구로 사용될 때가 많다.

아들러는 분노에 대해 '우리는 목적을 이루기 위해 분노라는 감
정을 지어낸다.'라고 이야기한다. 아들과 말다툼을 하며 소리 지르
던 엄마가 담임 선생님에게서 전화가 오자 바로 상냥한 목소리로
바뀌는 것처럼 분노란 언제든지 넣었다 빼서 쓸 수 있다.

나도 지난날 '분노'했던 과거를 떠올려 보면 항상 무언가 목적이
있었다. 나뿐만이 아니라 많은 사람이 '분노했기에 어떤 행동을 하
는 것'이 아닌 어떤 행동을 위해 분노했을 가능성이 크다.

 나의 표정과 말투, 행동이 폭력적으로 변해가는 모습을 보고 동시에 내 생활이 점점 파괴되고 있음을 눈으로 체감할 때, 비로소 무언가 잘못되었음을 느낀다.

오랜 역사를 통해 인간은 상대방을 억누르기 위한 도구로서 분노를 사용했음을 알 수 있다. 때문에 수많은 피해가 발생한 것도 확인할 수 있다. 하지만 분명한 것은 인간은 자신의 감정과 본능을 제어할 수 있는 동물이다. 분노하지 않아

도 충분히 지혜로운 해결방안을 도출할 수 있다.

분해서 하는 것이 분노가 아니라 분노하기 때문에 분한 것이다.

돌을 던질 용기

From. Israel

'다윗'

이스라엘 역사상 가장 사랑받는 왕이며, 하나님께서 흡족해하신다는 몇 안 되는 인간. 용맹하고 지혜로우며, 시인이기도 한 그의 일화 중 사람들에게 가장 사랑받는 스토리.

'다윗과 골리앗'

많은 사람은 '어린 소년이 거대한 거인을 그저 돌팔매질로 무찔

렀다.'라고만 알고 있는 이 사건을 더
깊게 들여다보면, 꿈과 희망 이외에 더
큰 교훈들이 있는데, 그중 다윗과 골리
앗이 전투하기 직전 상황에 관해 이야
기하고자 한다.

때는 이스라엘과 블레셋이 전쟁 중
인 상황. 8형제 중 막내인 다윗은 아버지의 심부름으로 전쟁에 나가
있는 형들에게 먹을 것을 전달하기 위해 이스라엘 진영에 도착했
다. 전황은 블레셋의 거인 골리앗으로 인해 이스라엘 군사들의 사
기는 바닥을 치고 있었다. 골리앗이 큰 소리로 이스라엘과 하나님
을 능멸하고 있음에도 아무도 그를 막으려 하지 않았다.

자발적으로 싸움을 포기한 것이다.

그들은 책임져야 할 문제를 회
피하고 있었다. 골리앗의 말에 반박
하지 않았으며, 오히려 전쟁의 상황
을 더욱 악화시키고, 그들의 성장을
그들 스스로 정체시켰다. 그 결과
골리앗의 억압이 점점 목을 조여
왔다.

이때 다윗은 담대히 골리앗의 말과 행동에 반발하며, 물맷돌을

들고 나선다. 더 세부적인 내용이
있지만, 내가 이 대목을 중점적으로
이야기하는 이유는 현재를 살아가
는 우리와 비슷하다고 생각했기 때
문이다.

　어느 사회든 힘을 가진 자가 존
재한다. 권력욕이 강한 사람은 조직
에서 새로운 규칙을 만드는데, 대
부분은 괜한 분란을 일으키지 않는
다는 명분으로 방관한다. 그러면 또
다른 규칙이 만들어진다. 그렇게 순
순히 받아들이며 상황에 적응한다.
시간이 지나 더는 반발할 용기조차
사라지고, 상대방의 힘은 점점 더
거대해진다. 그렇게 조직의 생활은

힘들어지고 부패한다. 그때 권력이 없는 사람들은 생각한다. '저 사
람 때문에 힘들다.' '저 사람만 없으면 좋을 것 같다.'

하지만 처음부터 반발하지 않고 괜찮은 척했지만, 결국 불평하는 그 사람들도 이 사태의 공범이다. 기만은 생각보다 위험하며, 우리 일상에 깊숙이 들어와 괴롭힌다.

나치 강제 수용소에서 살아남은 신경 생리학자 빅토어 프랑클은 『죽음의 수용소』에서, "개개인의 기만적이고 거짓된 삶은 전체주의적 사회의 전조."라는 결론을 내렸다. 프로이트도 '억압'이 정신질환 발생에 큰 영향을 준다고 믿었다. 특히 '억압과 거짓은 정도의 차이만 있을 뿐 본질은 같다.'라고 생각했다. 아들러도 거짓이 병을 유발한다는 걸 알았고, 카를 융 역시 도덕적 문제가 환자를 괴롭히고 그런 문제의 원인은 '진실하지 않음'이라는 걸 알았다. 이 사상가들은 모두 '거짓이 삶의 구조를 왜곡한다.'라는 결론에 도달했다. 거짓은 개인을 넘어 사회 전체를 타락시킨다. 조던 피터슨 교수 또한 개인의 타락이 결국에는 사회의 타락으로 발전하기 때문이라고 정리했다.

각자의 살아가는 방식이 있지만, 기만은 상처를 더욱 키울 뿐이다. 나치와 스탈린, 마오쩌둥의 사례를 보더라도 기만은 가볍게 생각할 문제가 아니다. 20세기에만 수많은 사람이 기만으로 인해 목숨을 잃었다.

진실을 바라보는 눈과 문제를 직면했을 때 필요한 용기, 물맷돌을 힘차게 휘둘러 골리앗의 이마 한가운데를 명중시킬 담대함이 우리에게 필요하다.

우상

From. Egypt

 모세가 하나님으로부터 십계명을 받기 위해 올라갔다는 해발 2300m의 산 '시내산'

하나님이 직접 적으신 법을 받은 장소로 알려져 있지만, 수많은 이스라엘 백성이 '우상을 만든 죄'로 목숨을 잃은 장소기도 하다.

우상의 사전적 의미는 '신처럼 숭배하는 대상이 되는 물건이나 사람'인데, 성경에서는 '하나님 이외에 인위적으로 만들어 놓은 신의 형상'이란 뜻으로 사용된다.

출애굽의 기적들과 만나와 메추라기 등 여러 기적을 통해 하나님의 존재를 확실하게 인지하고 경험한 그들인데, 왜 우상을 만들었을까?

하나님의 분노를 산 그들의 행동은 제삼자인 우리가 보면, 마냥 어리석게만 보인다. 결국 그들의 그릇된 선택은 죽음으로 이어졌다.

이 이야기를 통해 인간의 어리석음을 볼 수 있지만, 자세히 보면 지금의 우리와 별반 다를 것이 없다.

사람은 누구나 삶에 대한 자신만의 기준이 있다. 나는 기독교인이기 때문에 성경을 삶의 기준이자 지표로 삼는다. 하지만 이를 지키기엔 많은 노력과 고통이 수반된다. 마치 우상과 같이, 세상엔 쾌락을 자극하는 요인이 너무나 많기 때문이다. 물론 가장 큰 문제는 그 요인들을 뿌리치지 못하는 나의 나약함이다.

진실에 충실한 삶은 상당히 어렵다.

지난 시간을 돌이켜 보면, 기준 과는 거리가 먼 삶을 살아온 나 자 신을 마주한다. 진실한 삶은 고통스 럽기에 여러 변명을 나열하며, 회피 하려고만 했다. 마치 뜨거운 불 위 에 주전자를 올려놓고 불이 무섭다 며 방치하는 것과 같다.

하지만 분명한 것은 기준에서 흔들리지 않기 위해 노력하지 않 으면, 주전자가 새까맣게 타는 것처럼 더욱 비극적인 상황에 맞닥 뜨릴 것이다. 인생은 실수의 연속이다. 완벽할 수 없다. 그렇기에 자 신의 부족함을 인정하고 더 나아짐을 위해 노력해야만 한다. 우선 부족함을 인정하는 것부터 시작이다.

만약 이스라엘 백성들이 즉시 회개하며 잘못을 뉘우쳤다면 결말이 좀 달라졌을까? 하는 생각을 해 본다. 어쩌면 하나님의 분노를 더욱 키운 것은 그들이 죄에 대해 인지하지 못했기 때문은 아닐까? 시내산 정상에서 십계명을 받아 내려오는 모세는 그들을 보며 무슨 생각을 했을까? 여러 궁금증이 생긴다.

물맷돌을 던질 준비

From. Jordan

'다윗과 골리앗'의 가장 중요한 장면은 다윗이 물맷돌을 던져 골리앗의 이마 정중앙을 맞춘 그 순간일 것이다.

거인 골리앗이 한낱 돌멩이에 쓰러지는 장면은 수많은 사람에게 꿈과 희망을 선사한다. 하지만 한 가지 간과하면 안 되는 것이 있다.

이 세상에 우연은 없다.

어린 소년이 돌을 던져 거인을 쓰러뜨리는 일은 무척이나 어려운 일이지만, 다윗은 이미 물맷돌을 던지는 데에 일가견이 있는 사람이었다. 그는 짧지 않은 시간을 양 치는 목동으로 살아왔다. 그 때문에 맹수들로부터 양을 지키기 위해 물맷돌 던지는 실력을 키워야 했다.

물론, 골리앗에게 돌을 던질 때는 하나님의 은총이 있었기 때문에 가능했다. 다윗 또한 승리의 영광과 이유를 하나님께 돌렸다. 하지만 다윗과 골리앗 이야기의 해피엔딩은 그저 우연도, 기적도 아니라는 점을 명심해야 한다.

다윗은 자신에게 주어진 신의 기회를 잡을 줄 아는 사람이었다.

우리는 종종 삶이 어렵거나 고통이 찾아올 때 신의 기적을 바란다. 기도할 때도 기적이 일어나기를 부르짖는다. 하지만 얄궂은 인생이 내 손을 들어주는 일은 드물다. 자신이 원한 응답을 받지 못한 사람은 실패의 원인을 신의 가혹함에서 찾는다. 자신의 부족함이 원인임을 부정하고 싶기 때문이다.

그러면 … 최소한 비참함은 피할 수 있으니까 …

조던 피터슨 교수는 진실을 바라보는 시선에 대해 이렇게 이야기한다. "당신의 삶이 꿈꾸던 것이 아니라면 진실을 말하도록 노력해보라."

진실을 이야기하면, 자신의 문제점을 찾을 수 있다. 자신의 문제를 찾았다면, 개선할 수 있는 방법을 찾을 수 있다. 자신의 성장을 느끼고 있다면, 비로소 골리앗이라는 인생의 시험에 돌을 던질 준비가 되었다는 것이다.

영웅은 한 번의 우연으로 탄생하는 것이 아니다. 꾸준한 노력 속에서 신이 주신 일생일대의 기회에 영웅이 탄생한다.

어쩌면, 하나님은 준비가 된 사람에게만 기회를 주시는 게 아닐까 생각해본다.

기적을 바라보는 자세

From. Middle East

지금으로부터 약 10년 전, 동생이 어머니를 깜짝 놀라게 하려다 도리어 이빨이 부러지는 일이 있었다. 병원에서는 유일한 방법으로 임플란트를 권해주었는데, 그날 이후 동생은 본인의 비어있는 잇몸을 두고 이빨이 자라길 기도했다. 그야말로 씨 없는 밭에 옥수수 나길 기다리는 격이었다. 그러나 어린아이의 믿음은 그 무엇보다 강하다고 했던가? 2년의 기도 끝에 동생의 이빨이 자라기 시작했다. 치과의사는 '기적'이라고 말했고, 우리 가족은 '은총'을 경험할 수 있었다.

주변을 둘러보면 '기적'의 사례를 종종 접한다. 하지만 대부분 '우연의 일치'라는 이름으로 대수롭지 않게 넘겨버린다.

한 번이라도 우연, 행운, 운명이라 불리는 것들에 대해 생각해 본 적이 있는가? 앞서 말한 단어들은 우리가 경험한 사례들을 두 글자로 일단락할 뿐이다. 흔히들 운명을 좌우하는데, 영향을 준다는 '본능에 의한 결과'도 정확히 알려진 바가 없다. 사실 '기적'이라 불리는 사례들을 좀 더 명확하게 설명할수록 '본능'이라는 개념은 도움이 되지 않는다. 오히려 우리가 '무의식'이라 부르는 것에 대해 살펴보는 것이 좋다.

과연 '은총'이란 무엇인가? 『아직도 가야 할 길』의 저자 스캇 펙

박사에 따르면 은총은 '인간의 의식 세계 바깥에서 생겨나 인간의 영적 성장을 돕는 강력한 힘이다. 과학적 연구 방법에 의거하여 전염병 항체라든가 꿈의 상태, 무의식 같은 것 등을 개념화하기 훨씬 전부터 수백 수천 년 동안 이 힘은 종교적인 사람들에 의해서 인지돼왔다.' 고 말한다.

이 힘은 눈으로 볼 수도 만질 수도 없다. 그러나 반드시 존재한다. 과학적인, 학문적인 잣대에 맞지 않는다고 무시하는 것은 위험하고 편협한 생각이다. 은총이라는 현상을 탐구하려 하지 않는다면, 인간의 본질적인 존재의 의미조차 이해하기 어려울 것이다.

우리가 잘 아는 복음성가 <Amazing Grace>의 가사를 보면, 은총에 대해 좀 더 쉽게 접근할 수 있다. 그 가사에서는 '놀라움'이라는

표현을 사용하는데, 이는 인간의 지식과 예측이 아닌 그 이상의 힘
이 있음을 청자에게 전달한다.

어쨌거나 지금까지 사람들이 경험한 '기적'이 인간의 삶 속에 스
며들며 그들의 성장을 촉진시켜왔다는 것은 부정할 수 없는 사실이
다.

우연이라는 이름으로 당신의 소중한 경험의 가치를 떨어뜨리지
않기를 바란다.

지구 어디라도 앉을 곳은 있다

항해

From.

Hawaii, Mexico, Washington D.C, France, Italy, Venezia,

Belgium, Germany, Switzerland, Portugal, United Kingdom,

Ocean, Panama, Tahiti, Guam, China, Korea

두려움을 바라봄

From. Hawaii

'인생은 고해다.'

스캇 펙(Morgan Scott Peck) 박사의 책 『아직도 가야 할 길』의 첫마디이다. 나는 '인생은 고통의 바다'라는 표현이 굉장히 타당한 표현이라고 생각한다. 특히, 군함을 타고 세계 일주하는 나의 상황에는 더욱 잘 어울리는 표현이다.

2주간의 항해는 나에게 고통의 시간이었다. 쉴 새 없이 흔들리는 함선, 무자비한 태양 빛, 땅은 없고 오직 물만 보이는 풍경 그리고 군 생활… 심지어 도망칠 수도 없었다. 도망치려면 그야말로 목숨을 걸어야 했다. 바다에 빠지는 것 말고는 방법이 없었기 때문이다.

전역한 지 1년이 지난 지금 생각해보면 왜 그리 힘들어했을까 우습기도 하다. 분명 나의 항해는 고통보다 얻는 것이 더 많았다. 자신있게 인생을 바꾼 경험이라고 말할 수 있다.
물론 진해항에서 출항하는 순간부터 하와이에 입항하는 순간까

지 온통 두려움으로 휩싸였다. 군 생활 자체가 예측불허인데 세계 일주라는 요소까지 결합하니 혼돈의 도가니였다. 하지만 분명한 사실은 두려움 속에 내가 원하는 것이 있었다는 것이다. 나는 세계 여행이라는 인생의 큰 이벤트를 통해 내 삶을 더욱 풍성하게 만들고 싶었다. 그러기 위해서는 앞서 말한 두려움을 마주해야 했다.

조던 피터슨 교수는 두려움과 관련하여 '황금과 용' 비유를 들었는데, "황금을 얻기 위해서는 용이 지키는 동굴에 들어가야 합니다. 용의 불은 순식간에 모든 것을 태울 것이며, 용의 이빨은 당신의 모

든 것을 파괴할 수 있죠. 그런데도 불구하고 황금을 얻으려면 동굴에 반드시 들어가야 합니다." 즉, 내가 가장 원하는 것은 가혹하게도 내가 가장 두려워하는 것 속에 있을 가능성이 크다는 것이다.

첫 기항지인 하와이를 필두로 나의 항해는 두려움을 마주하는 방법을 점차 터득해 가는 시간이었다.

색안경

From. Mexico

아카풀코는 세계에서 2번째로 위험한 도시로 알려져 있다. 우리가 입항하기 2주 전 미 해병 대원이 해변에서 살해당하는 사건까지 있었으니 상당한 공포를 느끼는 것은 당연했다.

그 때문에 카르텔, 살인사건, 마약 등 범죄소설에나 나올 법한 온갖 부정적 단어들이 점차 내 안에 편견으로 자리했다. 그러나 우습게도 나의 편견은 하루 만에 깨지고 말았다. 단언컨대 모든 기항지를 통틀어서 가장 사람 냄새가 났던 곳이다.

당시 남미에는 BTS 열풍이 불고 있었는데, 현지인들의 눈에는 우리가 연예인처럼 보였던 모양이다. 여행을 왔기 때문에 열심히 꾸미긴 했지만, 아무리 봐도 휴가 나온 군인 그 이상도 아니었다. 그런데도 아카풀코 어디를 가든 우리와 사진

찍으려는 사람들이 줄을 섰다. 살면
서 이런 경험이 전무했기 때문에
그중 한 명에게 이유를 물어보았다.

믿기 어렵겠지만, 돌아오는 답
변은 '잘생겨서' 그뿐이다. 새삼
'BTS가 이 친구들에게 또 다른 편
견을 만들어 주었구나.'라고 생각했
지만, 덕분에 멕시코 일정 내내 스
타가 된 듯한 기분을 마음껏 누렸

다. 아카풀코에서 머무는 시간이 길
어질수록 처음 가졌던 편견과는 달리 현지인들의 순수함이 좋았고,
단 한 번도 위협을 느낀 적은 없었다.

일정을 마치고 함으로 돌아와 침실에서 곰곰이 생각을 해봤는
데 역시 사람으로 인해 만들어진 편견은 사람을 통해 풀어지는 것
같다. 물론 위협이 될 만한 것은 조심해야겠지만, 과도한 경계로 인
해 소중한 추억을 만들지 못한다면 좀 아깝지 않을까?

'색안경 끼고 거울을 보면 내 얼굴도 다르게 보이는 법이다.'

꿈

From. Washington D.C

 "너는 이담에 커서 무얼 하고 싶니?"

대략 유치원을 다녔던 6살 때부터 들어왔던 이 지겨운 질문은 성인이 된 지금도 종종 메아리처럼 귓가에 울린다. 생각해보면 참 다양하게도 꿈꿔왔다. 비록 그것이 자의든 타의든 분명한 것은 내 입으로 꿈이라 말했던 것들이다.

내 꿈 리스트를 살짝 공유해보자면 내가 초등학교 입학했을 당시 UN사무총장으로 반기문 씨가 있었고 그의 직업은 한국 수많은 어머니의 꿈이기도 했다. 그렇게 대
략 5년 정도 내 꿈은 외교관이었다.
사실 외교관이 어떤 일을 하는지도
몰랐다. 그러던 중 초등학교 5학년
때 가족들과 성지순례를 다녀왔는
데, 사막을 돌아다니며 현지인들과 소통하는 선교사님들의 모습이
어린 내 눈에는 모험가와 비슷한 직업이라고 생각한 모양이다. 그
렇게 잠시 선교사가 꿈이었다. 하지만 2년 뒤 중학교에 들어가자마

자 내 꿈은 가수로 바뀌었다. 당시엔 <슈퍼스타K>, <K-POP스타>가 인기를 끌던 시기였다. 마침 나도 주변에서 노래 좀 한다는 말을 듣던 차라 부모님 몰래 '악동뮤지션'을 배출한 <K-POP스타 2> 오디션을 보기도 했다. 하지만 1차 합격 후 왜인지 자신감이 떨어져 2차 오디션을 보러 가지 않았다. (지금 생각해보니 참 다행이다)

그 후로도 다양한 직업군을 꿈꾸었다. 약간 거짓말을 보태자면 내가 아는 거의 모든 직업에 흥미를 느꼈던 것 같다. 심지어 군 생활

을 하고 있을 때조차 말이다. 아마 적잖은 사람들이 나와 비슷할 것으로 예상된다.

우리는 어릴 적부터 어떤 사람이 될지 고민하기보다 어떤 직업이 있는지부터 배웠으니까…

워싱턴 시내를 걷다 보면 미국의 치열했던 역사의 흔적을 볼 수 있다. 널려 있는 게 기념관 혹은 박물관이기 때문이다. 우리는 영화 <캡틴 아메리카>에 나오는 캡틴의 조깅 코스대로 걸었다. (결코 조깅할 만 한 거리는 아니었다) 도시 곳곳에는 미

국을 위해 피 흘리고 땀 흘렸던 위인들의 기념비들이 있는데, 문득 기념비에 새겨진 사람들에게 꿈이 무엇이냐고 질문한다면 어떤 대답을 했을지 궁금했다.

주제넘지만 내 마음대로 그분들의 대답을 유추해보았는데, 적어도 직업을 이야기하지는 않았을 것 같다. 그저 직업이었기 때문에 이룰 수 있는 업적이 아니기 때문이다. 아마 당신의 신념을 말하지 않았을까? 그 증거로 기념비에는 그들의 직업이 아닌 그들의 신념을 알 수 있는 어록이 적혀있다.

내 꿈은 여전히 변화를 거듭하지만, 확실한 건 명사는 아니라는 것이다.

불행

From. France

여행을 하다 보면 종종 안타까 운 장면을 마주하는데, 그중 여행지 에서 마주치는 사람들과 나의 온도 차가 많이 나는 경우가 특히 그렇 다.

처음 파리에 방문했을 당시 시 리아 내전으로 인한 난민 문제가 화두였다. 그 때문에 파리 시내를 걷다 보면 거적때기 하나로 추위 를 버티는 난민 가족들을 심심치 않게 볼 수 있었 다.

그런 모습과 마주하면 마냥 즐겁게 지낼 수 없다. 내가 느끼는 감정이 우월감에서 비롯된 허영심이 아닐까? 혹은 위선일까? 혼란스럽기 때문이다. 분명한 건 내가 그들에게 실질적인 도움을 줄 수 없다는 사실이었다. 지갑에 있는 돈을 그들에게 주는 것도 생각만큼 쉬운 일이 아니다. 순간의 연민으로 그들에게 도움의 손길을 준다면, 과연 그들이 고마워할까도 의문이었다. 솔직히 마음 한쪽에서는 그들을 경계하고 있었다.

그로부터 2년 뒤, 난민 가족이 있었던 곳을 다시 지나가게 되었다. 당연히 그 골목에는 아무도 없었다. 그들의 근황은 알 수 없지만, 나름의 생존 방법을 터득했으리라 믿고 싶다. 최소한 그때처럼 추위에 온 가족이 부둥켜안고 떨지 않길 … 그때만큼의 불행은 지나갔으리라 바랄 뿐이다.

안타깝게도 불행은 우리 삶 곳
곳에 깔려있다. 하지만 불행을 정의
하는 관점은 사람마다 다르다. 대표
적으로 프로이트는 미래와 현재의
삶이 과거의 불행으로 인해 결정된
다고 말한다. 하지만 이와 반대로
아들러는 과거의 불행을 열등감이
라 말하며 인간은 이를 본능적으로

극복하고자 노력하기 때문에 충분한 동기가 될 것이라 정의한다.

나는 불행에 관한 부분만큼은 아들러의 의견에 동의한다. 한땐 나도 세상에서 가장 불행한 사람이라고 생각했다. 열등감의 문제였는데, 시간이 지나 알게 된 사실은 내가 생각보다 행복한 사람이었다는 것이다. 어쩌면 불행의 늪에 나를 잠식시키는 행동은 세상에서 가장 오만한 행위일지도 모른다. 나의 현실조차 객관화하지 못하면서 감히 불행을 입에 올릴 수 있을까?

저마다 짊어진 고통의 무게는 알 수 없다. 다만, 불행의 원천은 외부가 아닌 내부에 있을 가능성이 크다.

사랑의 대가

From. Italy

'이탈리아 남자들의 애정표현 방식은 언제나 경의롭다. 특히 길에서 울고 있는 여자에게 어린 소년이 "세뇨라, 길바닥에 슬픈 보석을 떨어뜨리고 가지 마세요."라고 말한 어린 소년의 일화는 이마를 '탁' 치게 한다.

몇몇 사람들은 이러한 표현방식을 바람둥이 혹은 카사노바라며 약간의 조롱 섞인 취급을 하는데, 나는 오히려 살아감에 있어 굉장히 필요한 능력이라고 생각한다.

사랑하는 사람에게 내가 할 수 있
는 최선의 문장으로 행복을 줄 수
있다면, 그야말로 최고의 가성비가
아닌가?

오히려 기본적인 표현의 결여는 관계 지속에 부정적인 영향을
준다. 다만, 이를 남발해서는 안 된다. 우리는 사회 통용적으로 무분
별한 대상에게 사랑을 마구 속삭이는 사람을 '사랑이라는 감정에
책임지지 않는 사람' 즉, 바람둥이라고 부른다.

사랑에는 책임감과 이후 발생할 일들에 대한 헌신이 뒷받침되어야 한다. 이에 대해 『아직도 가야 할 길』의 저자 스캇 펙(Morgan Scott Peck) 박사는 '크든 작든 책임감을 갖는 것은 모든 진정한 사랑의 관계에 초석이고 기반이다. 책임감이 강하다 해서 꼭 성공적인 관계를 이룰 수 있는 건 아니지만 사랑을 확실히 하는 데에는 어떤 요인보다 도움이 된다.'라고 말한다.

분명 아름다운 표현은 마음을 전달하는 데 있어 효과적이다. 옛말에 말 한마디로 천 냥 빚을 갚는다고 하지 않던가? 그만큼 말이 주는 힘은 무시할 수 없다. 하지만 그보다 더 중요한 것은 사랑에 대한 책임감과 관계 지속을 위한 헌신임을 명심해야 한다.

길게 이야기했지만, 표현이 서툴러도 괜찮다. 표현능력은 노력하다 보면 실패를 발판 삼아 점차 나아질 것이다. 그보다 사랑이라는 감정을 진지하게 책임지려는 마음가짐은 훨씬 어렵기에 책임지려는 당신의 모습이 훨씬 멋지다.

기반

From. Venezia

 튼튼한 지반 위에 지어진 집은 무너지지 않는다. 당연히 그 집에 거주하는 사람들은 안정감을 느끼며 생활을 이어갈 수 있다. 인간 생활의 기본 요소인 '의, 식, 주' 중 주는 이렇게 안정감에서부터 시작한다. 하지만 신기하게도 물 위에 지어진 도시가 있는데, 베네치아가 대표적이다.

베네치아는 수많은 나무 말뚝 위에 돌을 쌓아 만든 수중도시인데, 성당 하나가 올라가는 데 무려 110만 개의 말뚝이 사용되었다. 많고 많은 자재 중 하필 나무 말뚝을 사용한 이유는 나무는 물속에 들

어가면 공기 중에 노출되지 않아 썩지 않고 벌레가 꼬이지 않아 오랫동안 유지가 되기 때문이다. 이러한 방식으로 갯벌이었던 섬을 지금의 베네치아로 만들었다.

  하지만 시간이 지날수록 노후화가 진행되고 있는데, 바닷물이 들고 나면서 운하에 면한 벽돌이 점점 침식되어 떨어지고 그 안의 진흙도 함께 쓸려나가고 있다. 그 때문에 기초가 약해져 위험한 상황을 초래할 수 있다. 현대에는 모터보트로 인한 강한 물살이 침식을 가속화하고 있는데, 이 와중에 하루 평균 8만 2,000명의 관광객이 방문한다니 언제 무너져도 이상하지 않은 위태로운 상황에 놓여있다. 이러한 베네치아에 서 있으니 자연스레 기반의 중요성에 대해 생각을 하게 되었다.

비단 건물뿐만 아니라 사고하
는 데에 있어 기반은 매우 중요하
다. 그러한 이유로 나의 기반을 소
개하자면, 나는 기독교인이다. 어린
시절부터 성경에 대해 교육받아왔
으며, 이는 내 삶의 중요한 지표가 되었다. 내가 사고하는 모든 것은
성경에서 비롯되었다고 해도 과언이 아니다. 즉, 나의 기반은 유신
론에서 비롯되었다.

개인적으로는 신앙적인 이야기를 하지 않더라도 종교를 사고의
기반에 두는 것을 추천하는데, 그 이유는 여타 이데올로기와 달리
한쪽으로 치우쳐있지 않고 균형을 이루고 있기 때문이다. 실제로
수많은 학자가 성경을 사고의 기반에 두고 시간이 흘러 신앙이 형
성되어 회심하는 사례도 적잖게 확인할 수 있다.

특히 요즘같이 수많은 이데올로기가 폭풍처럼 휘몰아치는 세상에서 당당히 내 생각을 말하는 것은 중요하다. 다만, 주의해야 할 점은 책 한 권의 얕은 지식으로 이야기해서는 안된다는 것이다. 이는 오히려 혼란을 야기할 뿐이다. 혼란의 파급력은 우리가 생각하는 것 이상의 힘이 있다. 인류 역사는 이미 잘못된 이데올로기로 인해 수많은 피해를 보기도 했는데, 중국의 천안문 사태를 대표적인 예로 들 수 있다.

이러한 이유로 우리는 자신의 기반을 튼튼하게 다질 필요가 있다. 베네치아 밑에 박혀있는 말뚝이 얼마나 버틸지는 모르겠으나 분명한 사실은 여전히 위태롭다는 점이다.

비교

From. Belgium

나를 가꾸지 않는 것은 끔찍한
일이다.

순항훈련 초반 대서양을 건너기
전만 해도 꾸미는 것에 큰 관심이
없었다. 옷도 친구가 입으란 대로
입었고 운동과 척을 지던 시기라
나의 피지컬은 볼품없었는데, 어깨
는 좁고 볼살은 빵빵해서 거울을 볼 때마다 막대사탕이 연상됐다.
지금에야 웃으면서 할 수 있는 이야기지만, 선임 중 한 명은 나에게
'볶음용 멸치'라고 부르기도 했다.

과거의 나는 '나는 지금의 내 모
습에 만족해', '나는 나 자신을 사랑
해'라며 안주했다. 이는 매우 허무
주의적인 생각인데, 노력의 중요성
과 '도전의 가치'를 무의미하게 만
들기 때문이다. 당연히 나의 삶에 '발전'은 존재하지 않았다.

기본적으로 질적인 차이에 대한
생각을 거부했기 때문에 단점을 보
완하려는 시도조차 하지 않았다. 분
명 혼자의 힘으로는 이러한 사고를
떨쳐버리기 어려웠을 것이다. 감사
하게도 함께 배를 탔던 동료 중 대다수가 자기 관리를 잘하는 사람
들이었는데, 함께 생활하다 보니 그들의 생활패턴이 자연스럽게 내
생활로 스며들었다.

아침밥은 무조건 챙겨 먹고 운동은 매일 했으며, 쉬는 시간에는
웬만하면 책(주로 소설책)을 읽었다. 운동은 요일마다 부위를 정해서
나름 체계적으로 했는데, 가끔 UDT분들이 자세 교정을 도와주셔서

운동에 더 많은 흥미를 갖게 되었다. 과거의 나라면 상상도 못 했을 생활 패턴이었다.

항해 기간 동안 이러한 생활을 지속하다 보니 가장 먼저 신체적인 변화를 경험할 수 있었는데, 콤플렉스였던 볼살이 줄어들었고 어깨도 약간 넓어졌다. 드라마틱한 효과를 본 것은 아니지만 몸의 미세한 변화는 바닥이었던 자존감을 높이는 데 충분했다.

자존감이 높아진다는 것은 자기 자신을 사랑하는 방법을 터득했다는 것과 같다. 그래서 나는 운동뿐만이 아니라 여러 분야에 목

표를 세우고 도전하기를 반복했다.

작은 변화를 경험한 이후 자존감이 높아진 나는 여행에서 사진 찍히는 것에 부담을 느끼지 않게 되었다. 매우 사소한 것이라 생각할 수도 있겠지만, 평소 사진 찍히는 것을 두려워했던 나에게는 매우 커다란 변화였다. 때문에 벨기에서 찍은 사진들을 특히 좋아한다. 마치 커다란 전환점에 세워놓은 이정표 같다.

그때의 분투하던 내가 없었다면, 지금의 내가 존재할 리 없다.

IF

From. Germany

나는 가끔 세상을 구하는 꿈을 꾼다. 꿈속에서 나는 캡틴 아메리카처럼 고난과 역경을 딛고 일어나 절대 악을 물리치며 여러 차례 세상을 구한다. 물론 말도 안 되는 이야기지만, 심심할 때는 선과 악이 분명한 역사적 사건들을 보며 정의로운 편에 나를 대입하기도 한다. 이러한 실속 없는 상상은 재밌기는 하지만 진지하게 생각해 보면 찜찜한 느낌을 준다.

소시지, 맥주, 히틀러와 나치 …
독일 하면 떠오르는 키워드다. 아마
내가 죽을 때까지는 웬만해서 잊히
지 않을 것이다. 물론 지금 독일에
가면 나치의 흔적은 찾아볼 수 없
다. 그런데도 유럽의 특성상 옛 모
습이 잘 보존되어 있기에 상상의
나래를 펼치게 된다.

과연 나는? 영웅이었을까?

이 문제는 사람마다 견해의 차이가 좀 있겠지만, 역사적 사실과 통계에서 분명한 사실을 얻을 수 있다. 영웅의 수는 일반 시민의 수보다 훨씬 적었다는 것이다. 즉, 내가 영웅이었을 가능성은 매우 희박하다.

이와 관련해서 조던 피터슨 교수의 한 인터뷰 내용이 흥미로운데 "유대인 대학살에 대해 배울 점이 있습니다. 맞습니다. 우리는 이 사건을 끝없이 기억하며 이를 통해

교훈을 얻어야 합니다. 그 교훈은 … 당신이 나치라는 겁니다." 충격과 동시에 꼭꼭 숨긴 비밀을 들킨 기분이었다. 상상 속에서는 영웅이었지만, 현실로 돌아와 보면 나에게 과연 영웅적인 면모가 조금이라도 있는지 의구심이 들기 때문이다.

우리는 종종 자기 자신을 선이라고 착각하며 산다. 그 때문에 자

신의 기준에서 벗어난다면 가차 없이 남을 비판하고 정죄한다. 특히 만인이 도덕 선생이 된 것 같은 양상은 인터넷상에서 흔하게 볼 수 있다.

하지만 명심할 것은 우리도 언제든지 악이 될 수 있다는 사실이다. 아이러니한 사실은 순결 무구하며 정의롭다 고집부리기보다, 내가 언제든지 악한 사람이 될 수 있음을 자각하는 사람이 긍정적인 영향력을 발산할 수 있다는 것이다.

여행하다 보면, 이렇게 오만가지 생각이 들다가도 해답을 얻는

시원한 경험을 할 수 있다. 나는 이것이 여행을 추억할 수 있는 도구라고 생각하는데, 나중에 시간이 지나 여행지를 떠올릴 때 랜드마크보다 먼저 생각나는 것은 그때 얻었던 해답이기 때문이다.

구석진 골목의 오래된 카페에서 커피 한잔의 고뇌를 마시는 것도 여행을 추억하기 좋은 수단이다.

작아짐

From. Switzerland

거대한 자연을 마주할 때 우리는 한없이 초라해진다. 세월이 흘러 우리의 몸이 한 줌 흙으로 돌아가더라도 자연은 그 자리에 있기 때문이다.

스위스 융프라우에 올라가기 전 소개 글을 보면 '자연을 극복한 인간의 위대함을 확인할 수 있다.'라고 적혀있다. 분명 틀린 말은 아니다. 눈 덮인 4,158m 험준한 산에 산악철도를 만드는 것은 당시 기술로서 불가능에 가까웠기 때문이다. 지금처럼 기술이 좋지 않아서 수많은 사람이 목숨을 잃기도 했는데, 융프라우 정상에 있는 기념관을 통해 얼마나 열악했는지 확인할 수 있다.

덕분에 100년이 넘는 시간 동안 별다른 문제 없이 사용되고 있다. 가히 '자연을 극복한 인간의 위대함'을 확인하는 데 부족함이 없다. 하지만 100년이 지난 지금 산악철도 시공에 참여했던 사람들은 예외 없이 모두 죽었다. 특별한 이유가 아닌 자연의 섭리대로 '죽음'을 피할 수 없었기 때문이다. 그렇다고 내가 그들의 희생과 노력을 '헛되다.' 말하려는 것이 아니다. 분명 그들의 수고로 인해 우리는 아주 편안하게 그 높은 산 정상을 왕래할 수 있다.

하지만 융프라우 거대한 대자연 앞에서 내가 느낄 수 있었던 유일한 감정은 경이로움뿐이었다. 인간의 위대함이나 극복 같은 단어는 머릿속에 스치지도 않았다. 오히려 겸손의 자세와 나의 교만에 대해 돌아보게 되었다. 에베레스트를 등반했던 유명한 산악인들도 '산이 허락해서 잠시 머물렀다가 내려온 것뿐'이라 말하는데, 어쩌면 산악철도도 자연의 허락이 있었기 때문에 가능하지 않았을까? 생각해 본다.

사랑여행

From. Portugal

 드디어 유럽 여행의 마지막 기항지인 포르투갈 리스본에 도착했다. 리스본에 도착했다는 것은 이제 집으로 돌아갈 일만 남았다는 걸 의미한다. 함수가 집을 향하고 있기 때문이다. 하지만 마냥 좋아할 수가 없었는데, 그 이유는 험난한 장기 항해가 바로 코앞에 닥쳤기 때문이다.

우리는 보통 다음 기항지에서 사용할 지폐를 미리 환전해놓는다. 하지만 리스본에서 달러 사용이 가능할 거라 착각을 하는 바람

에 난처한 상황이 발생했다. 그래서 나와 동료들은 환전소를 찾기 위해 리스본 골목을 돌아다녔다.

동료들은 어땠을지 모르지만, 나는 리스본 골목이 워낙 형형색색 아름답게 꾸며져 있어서 걷는 재미가 있었다. 그러던 중 모든 여행을 통틀어서 가장 아름다운 장면을 포착했다. 당시엔 보슬보슬 비가 내리고 있었는데, 우리 앞에 한 노부부가 우산 하나로 길을 걷고 있었다. 아름다운 리스본의 골목, 살짝 떨어지는 빗방울, 어깨동무와 살짝 젖은 할아버지의 어깨는 완벽한 멜로영화의 한 장면이었다.

결국, 환전소를 찾지 못해 카드 사용을 하게 됐지만, 이미 마음이 훈훈해져서 전혀 기분이 나쁘지 않았다. 오히려 그 노부부의 한평생 사랑은 어땠을지 상상해보았다. 사작은 흔한 연인들의 설렘과 열정으로 그리고 점점 서로에게 의지하고 신뢰하고 존중하며, 사랑을 굳건하게 지켰을 것이다. 함께 성장하며 서로를 보호하지만, 할아버지의 포근해 보이는 팔처럼 억압하지는 않았으리라…

문득 항해 중에 읽었던 책의 내용이 떠올랐는데, 칼릴 지브란의 예언자는 결혼과 사랑에 대해 이렇게 표현한다.

'그러나 당신 부부 사이에 빈 곳을 만들어서,
그대들 사이에서 하늘의 바람이 춤추게 하라.

서로 사랑하라. 그러나 서로 구속하지는 마라. 오히려 당신들 영혼의 해변
사이에 출렁이는 바다를 두어라. 각각의 잔을 비워라. 그러나 한 잔으로
마시지는 마라. 각자의 빵을 주어라. 그러나 같은 덩어리의 빵은 먹지 마라.

함께 노래하고 춤추며 즐거워하라. 그러나 각각 홀로 있어라.
현악기의 줄들이 같은 음악을 울릴지라도 서로 떨어져 홀로 있듯이.

마음을 주어라. 그러나 상대방의 세계는 침범해 들어가지 마라.
생명의 손길만이 당신의 심장을 품을 수 있기 때문이다.

그리고 함께 서라. 그러나 너무 가까이 붙어서지는 마라.
사원의 기둥들은 떨어져 있어야 하며,
떡갈나무와 사이프러스 나무는 서로의 그늘
속에서는 자랄 수 없기 때문이다.'

『예언자』 중에서

할아버지

From. United Kingdom

런던으로 가는 버스 안.

고모의 프로필 사진 속 가족사
진에는 할아버지가 보이지 않았다.
뭔가를 직감한 나는 마음의 준비를
해야만 했다. 그래도 혹시나 하는 마음에 성급하게 눈물을 흘리지
않았다. 직접 할아버지의 죽음을 확인하고 싶었다.

어느 정도 마음을 가다듬은 나는 런던에 도착하자마자 부모님
께 전화했다. "아빠, 할아버지 … 돌아가셨나요?"

"그래 … 할아버지 천국 가셨다 … 손주 보고 싶어 하셨는데 … "

"언제 돌아가셨어요?"

"너 미국에서 프랑스로 건너가
실 때 돌아가셨다 … 너 한국에 올
때까지는 가족들에게 비밀로 하자
고 이야기했는데 … 알게 되었구나"

한 달. 내가 할아버지의 죽음을
놓쳤던 한 달은 야속하게도 너무
즐거운 시간이었다. 당신의 마지막
까지 너무 착하셨던 할아버지는 내
가 절대 연락이 닿지 않는 곳에 있
을 때 세상을 떠나셨다. 마치 나의
여행길에 슬픔이 동행하지 않길 바
라신 것처럼 …

모든 이별이 다 그렇듯 후회가 많이 남는다. 시간의 무거움을 외
면했던 지난날들이 쇳덩어리로 변모하여 내 가슴에 내려앉았다. 할
아버지는 언제나 강원도 양구에서 나를 반겨주고 한없이 웃어주는
존재여야만 했다. 그렇게 믿고 있었다. 물론 어리석고 허황한 바람

이었다.

약간의 추억을 회상하자면, 내 기억 속 할아버지의 첫인상은 이렇다. 20년 전 강원도 양구의 겨울. 공해 없는 하늘에 알알이 박혀 있는 별이 눈에 담길 때, 나는 할아버지의 손을 잡고 있었다. 지금도 그때의 장면이 기억나는 걸 보니 아마 그때부터 할아버지의 존재를 인식한 것 같다.

가장 최근의 기억은 멕시코에서 할아버지와의 마지막 통화내용이다. 할아버지는 무심한 듯, 힘겹게 입술을 움직여서 몇 마디를 하셨다.

"밥은 먹었니? 거기 음식이 입에 맞니? 몸은 좀 어떠니? 그래도 손주 목소리 들으니까 좋네."

"할아버지! 저 너무 잘 지내고 있어요! 음식도 맛있어요! 항해하면서 고래도 봤고요! 이제 곧 유럽으로 가요! 세계 일주 끝나면 꼭 만나서 선물도 드리고 이야기도 많이 해요! 할아버지 몸은 좀 어떠세요?"

"좋아 … 잘 지낸다니까 좋다 … 그래 … 다녀와서 이야기하자 … 그때 보자."

결국 남은 대화는 천국에서 하게 되었다. 그 때문에 나는 여행을 선명하게 기억할 의무가 있다. 언젠가 천국에서 할아버지를 만나면

마치 방금 다녀온 듯이 말씀드려야만 한다. 약속했다.

그때의 통화내용은 머릿속에 무한반복되어 유럽 여행을 마치고 대서양 항해를 하는 내내 귓가에 맴돌았다. 지금도 가끔 잊지 않기 위해 할아버지의 목소리를 떠올린다.

아직 통화음이 연결되는 사람들에게 한 가지 부탁하자면, 통화 버튼을 아끼지 않았으면 한다. 우리에게 남은 시간은 생각보다 그 리 많지 않다.

항해

From. Ocean

5개월간의 항해를 하면서 얻은 한 가지 교훈이 있다.

같은 풍경, 같은 일상, 쳇바퀴 돌아가듯 살아가는 날이라 할지라도 결국 목적지로 향하는 과정이라는 점이다. 단지 내가 너무나도 작은 존재이기 때문에 거대한 바다를 한눈에 담을 수 없을 뿐이다.

항해 중 나의 일과는 새벽 3시 반부터 시작한다. 초직, 중직, 말직 중 말직에 해당하는 시간인데, 3시 반부터 7시 반까지 견시 당직을 서야 한다. 견시의 사전적 의미는 '자세히 살피며 봄, 또는 그런 일

을 하는 사람'을 뜻하는데, 함에 위해를 가할 만한 요소가 없는지 시
각, 후각, 청각을 이용하여 경계하는 일이다.

아무래도 이른 시간이고 끝이 안 보이는 수평선 너머를 뚫어져
라 쳐다보는 일이기 때문에 피로가 극대화되어 항해 초반에는 견시
가 가장 고된 일정이었다. 물론 힘들다가도 바다가 선물하는 다양
한 모습을 보면 아주 잠깐 경이로움에 매료되기도 했다.

한 번은 아침 6시 반 무렵에 함수 방향으로 거대한 돌 같은 것이 보였는데, 망원경으로 보니 숨을 쉬기 위해 수면 위로 올라온 새끼 고래였다. 고래뿐만이 아니라 날치, 바다거북, 상어, 돌고래 등등 수많은 해양생물을 볼 수 있었는데, 내셔널 지오그래픽이 따로 없다.

몇 번의 특별한 경험을 하고 나니 어느 순간부터 '오늘은 어떤 이벤트가 숨어있을까?' 하는 마음으로 일상에 기대하게 되고 그러다 보면 수평선 너머로 육지가 보였다.

물론 바다라는 특수성도 있지만, 물만 존재하는 곳에서 특별함을 찾는다는 것은 생각보다 어려운 일이다. 특히 군대라는 사회는 어떤 조직보다 규칙과 체계가 중요시되기 때문에 '특별함'과는 거리가 멀다.

그런데도 불구하고 일상 곳곳에 존재하는 특별함을 찾기 위해 노력하다 보니, 어느 순간 목적지에 도착했다. 오해하지 말아야 할 점은 꼭 찾지 못했다 해서 실망할 필요가 없다는 것이다. 찾으려는 노력이 중요하다. 시도조차 하지 않으면, 돌인지 고래인지 구별조차 할 수 없다. 즉, 삶이 풍성해지는 기회를 자발적으로 박탈시키는 것이다.

조던 피터슨 교수는 삶의 의미에 대해 이렇게 말한다. '의미는 혼돈과 질서의 궁극적인 균형이다. 한쪽에는 변화와 가능성으로 충만한 혼돈이 있고, 반대편에는 오염되지 않은 절제된 질서가 있다. 의미는 혼돈으로부터 새로운 질서를 만들어 낸다. 더 순수하고, 더 안정적이며, 더 생산적인 새로운 균형이 탄생한다. 의미는 한층 풍요로운 삶으로 향하는 길이다. 의미는 사랑과 진실만이 가득한 곳, 사랑과 진실 외에는 바랄 것이 없는 그런 곳으로 우리를 인도할 것이다.'

Good Morning Son

From. Panama

항해의 끝이 보이기 시작했다. 세계지도에 표시된 함선의 위치는 한국과 점점 가까워졌다.

'집'이라는 단어가 연신 머릿속에 떠올랐고 몇 주만 기다리면, 내 방 내 침대에서 잠을 잘 수 있다는 사실에 설레었다. 희미해졌던 부모님의 얼굴이 다시 뚜렷하게 그리움으로 다가왔다. 어엿한 군인이 되어도 여전히 아버지의 등이 필요했고, 어머니의 무릎이 그리운 철부지였다.

나는 파나마에 입항했을 당시 가족과 관련된 노래 몇 곡을 저장

했는데, 그중 유독 한 곡이 내 마음을 울렸다. <Still Fighting It>이라는 곡인데, 첫 문장이 이렇다.

"Good morning, son?"
우리 집은 어머니가 아침 일찍 출근하시기 때문에 어릴 적부터 아버지가 나와 동생을 깨워 주셨다. "Good morning, son?"이라는 문장은 10년이 넘도록 하루의 시작을 알려주는 말이었다. 그 때문에 가사의 첫 문장부터 굉장한 울림으로 다가왔다.

노래는 아버지가 성장통을 겪는 아들에게 묵묵히 편지하듯 흘러간다. 그중 내가 생각하는 핵심적인 내용은 이렇다.

'힘들었고, 밝은 날도 흐린 날도 있다고 … 아들아,

너도 나와 같이 느낄 거라 생각한다.'

'모두 알다시피 성장하는 건 썩 좋지 않단다.'

'하지만 모두가 자라난단다. 계속 싸워야 하고 노력해야 할 거야.'

'아들아, 넌 언젠가 내 품을 떠나 날아오르겠지?'

'잘 잤니 아들? 아들아, 넌 정말 날 많이 닮았구나 … '

'그게 많이 미안하구나 … '

어릴 때는 아버지가 차려주신 아침을 먹으며 등교했다. 먹기 싫
은데 억지로라도 먹으라며, 밥이 올라간 수저를 입에 넣어주셨던

그때의 기억이 난다. 시간이 이만큼 지나 생각해 보니 많이 먹고 얼른 크라고 떠주신 밥이 아니었다.

조금만 더 천천히 조금 더 많이 우리 얼굴을 보고 싶었던 건 … 조금만 천천히 컸으면 좋겠다고 … 어쩌면 아버지는 매일 아침 빠르게 지나가는 아들의 시간을 간신히 붙잡고 계셨는지도 모르겠다.

어른이 된다는 건 고통이라고 알고 계셨을 테니까 … 그렇게 파나마의 아침은 그리운 인사말이 듣고 싶었다.

세상의 끝에서

From. Tahiti

끝이다.

이제 괌, 중국만 지나면 길었던 항해의 종지부를 찍는다. 분명 힘들었지만, 막상 끝이라고 하니 많은 아쉬움이 남았다. 생각해보면 지금까지 아쉽지 않았던 여행은 없었다. 나름 철저히 준비해도 항상 예상치 못한 변수가 발생했다. 물론 변수를 통해 좋은 추억들도 생겼지만, 100% 계획한 대로 흘러간 적은 없었다.

하지만 나는 여행의 소중함이 여기에 있다고 생각한다. 우리는 여행에 애착을 갖고 노력했던 시간의 끝에서 여행이 주는 진정한 의미를 떠올려야 한다. 즉, 끝을 마주하는 자세다.

휴식, 추억, 자유, 경험 등등 여행을 의미하는 여러 단어가 있다. 하지만 내가 생각하는 여행의 의미는 '성장'이다.

여행의 행복했던 시간을 뒤로하는 것은 짧은 시간이지만, 애착을 갖고 만들어온 결과물을 상실하는 것과 같다. 애착하던 대상의 상실은 뇌에서 '죽음'으로 인식하기 때문에 그와 동일한 고

통을 느끼게 된다. 여행의 마지막 날 소위 말하는 '현타'가 오는 이유인데, 그리 부정적이지만은 않다.

끝을 향한 마음가짐에 대해 스캇 펙 박사는 '모든 성장은 포기 즉, 자발적인 끝냄을 통해 온다.'라고 말한다. 다시 말해 우리는 마지막을 마주할 때 '끝냄'과 동시에 '성장'하고, 또 다른 무언가를 할 수 있는 원동력을 얻는다. 여행의 마지막 날에는 현타가 오지만, 복귀한 일상에서 새로운 힘이 나는 이유는 여행의 끝에서 '성장'을 경험했기 때문이다.

　나는 이러한 이유로 정기적인 여행을 추천하는 편인데, 오해
하지 말아야 할 점은 꼭 여행에서만 경험할 수 있는 것이 아니라
는 점이다. 일상생활에서도 크고 작은 일을 통해 경험할 수 있다.
무언가에 애정을 갖고 열정과 최선을 다하다 보면, 어떠한 형태
이든 반드시 끝을 마주하게 될 것이다.

　그때 당신은 성장할 것이다.

세상이 가혹할 때

From. Guam

나는 '세상이 가혹하다.' 생각하는 날이면, 성경책을 펴 시편을 읽는다. 특히 세계 일주 막바지에 다다라서는 시편의 이런 부분만 읽었다.

'여호와여 진노로 일어나사 내 대적들의 노를 막으시며
나를 위하여 깨소서 주께서 심판을 명령하셨나이다.'

'여호와여 일어나소서. 나의 하나님이여 나를 구원하소서.
주께서 나의 모든 원수의 뺨을 치시며 악인의 이를 꺾으셨나이다.'

'악인의 악을 끊고 의인을 세우소서. 의로우신 하나님이
사람의 마음과 양심을 감찰하시나이 다.'

앞서 말한 구절은 다윗이 하나님께 원수들을 벌하여 주시라고
울부짖는 맥락인데, 나에게 적잖은 시원함을 안겨준 구절들이다.
아무래도 군 생활의 일부분이고 모두가 지칠대로 지친 상태라 감정
이 굉장히 예민해져 있었다. 그 때문에 군대라는 특성상 선임들은
힘든 감정을 후임들에게 풀었고 후임들은 속절없이 받아야만 했다.
하루하루 부조리의 연속이라 신고할까도 고민했지만, 태평양 한가
운데에서 신고한다 바뀔 리 없어서 그저 성경을 읽으면서 복수의
칼날을 더 갈 뿐이었다.

하지만 내 생활은 분노와 복수에 눈이 멀어 점점 무너져갔다. 그
럴 때마다 세상이 나를 싫어하는 것은 아닐까? 나의 무능함 때문일

까? 나는 할 줄 아는 게 있나? 라고 망상을 하며, 자존감을 추락시켰다. 하지만 무의식적으로도 이것은 잘못되었다고 인지하고 있었다.

부조리하고 가혹한 상황에 분노하는 이들에게 조던 피터슨 교수는 이렇게 질문한다.

"당신의 환경을 생각해 보자. 우선 작은 것부터 살펴보자. 당신은 당신에게 주어진 기회를 100% 활용하고 있는가? 혹시 분노와 원망에 사로잡혀 맥없이 하루를 보내고 있지는 않은 가? 당신에게 주어진 책임을 다하고 있는가? 당신의 삶을 깨끗이 정리했는가?"

당시 나의 대답은 NO였다. 내가 속한 공동체의 썩어빠진 구조

를 탓하며 정작 해야 할 일을 놓쳤다. 그렇게 내 생활에 오점이 발생했고 나의 목소리에는 힘이 실리지 않았다. 비록 그 당시에는 분노에 사로잡혀 항해가 끝나기만 기다렸지만, 돌이켜보면 한 가지 방법이 있었다.

사소한 것부터 시작해야 한다. 습관, 행동, 언행 등 사소하다는 이유로 방치한 것들을 정리해야 한다. 이불을 정리하는 일이라도 최선을 다해야 한다. 그러다 보면 사소한 비극에는 의연히 대처할 수 있게 된다. 냉소주의에서 벗어날 수 있다.

어쩌면 가혹한 세상은 우리의 사소한 날갯짓으로 아주 조금씩 변하는 중일지 모른다.

불평등한 세상

From. China

나는 중국을 그리 좋아하지 않는다. 하지만 희한하게도 내 인생은 중국과 얽히고설킨 관계가 되어버렸다.

세계 일주 차 방문한 횟수까지 도합 5번인데, 특히 상하이는 두 번째 방문이다. 게다가 고3 시절 점점 넓어지는 중국의 입지에 숟가락이라도 얹어보자는 심보로 중국어과를 전공으로 선택했다.

하지만 누군가 말하지 않았던가? 대학 전공은 나와 가장 맞지

않는 것을 깨닫게 해 준다고 ⋯ 그
래도 나름대로 칭찬도 듣고 성적도
좋았기 때문에 애증의 관계가 되었
다. 전공이 중국어다 보니 당연히
중국의 문화나 사상, 역사까지 배웠
는데, 자연스럽게 그것들의 기반인
사회주의에 대해 궁금증이 생겼다.
하지만 주의해서 보아야 한다.

혹자는 사회주의를 말할 때 '똑
같이 일해서 똑같이 분배하는 것'이
라고 말한다. 아마 사회주의를 옹
호하고 좋아하는 사람들이 가장 많
이 내거는 슬로건 중 하나일 것이
다. 불평등한 세상을 평등하게 만들
자는 생각에서 시작되었으며, 사회
계급과 불평등에 대한 책임을 찾아

말살하는 사회주의는 이론상으론 완벽한 유토피아다. 하지만 조던
피터슨 교수는 이를 보고 매우, 틀린 생각이라고 말한다.

"너무나도 틀린 주장이라, 그들이 처음 하고자 했던 것들조차 망칠 것이다. 사회 계급의 문제는 그것이 불평등을 초래한다는 것이고, 불평등의 문제는 사람들이 밑바닥에 적체되는 경향이 있다는 것이다. 그러면 그들은 분노하게 되고, 적대감을 품게 되어 사회 전체의 안정은 흔들리게 된다."

이에 덧붙여 그는 "모든 고통은 일종의 불평등한 자원 분배와 함께 일어난다. 사회주의는 이 원인을 서구 문명과 자본주의에서 찾는다. 하지만 불평등이란 시스템과 이로 인해 발생하는 감정은 3억 년 전부터 이어져 온 자연적인 본능이기 때문에 틀렸다."라고 말한다.

즉, 불평등은 기본적인 세계의 본능이기 때문에 제거할 방법이 없다. 불평등의 제거는 모든 분야의 사람이 같아짐을 의미한다. 개

성의 부재 즉, 다른 사람이나 개체와 구별되는 고유한 특성을 무시한다는 것이다.

사회주의의 문제는 자유의지의 부재에 있다. 그렇다면 우리는 점점 극화되는 불평등에 대해 무관심해야 하는 것이냐는 질문에 대한 내 생각은 NO다. 오히려 우리는 불평등을 최소화하기 위해 노력해야 한다. 내 이웃을 사랑하고 가난한 이들을 도우며, 우리가 할 수 있는 것이 무엇인지를 찾아 끊임없이 생각해야만 한다. 극단적인 이데올로기로 모든 것을 통제하려는 것이 아니라 차근차근 나아

가야 한다. 또한 불평등을 인정하여 더 높은 삶에 목적을 둔다면, 자신 앞에 있는 문제를 해결할 용기가 생길 것이다.

  사실 중국어과가 전공이다 보니 다른 글에 비해 힘을 준 것은 사실이다. 특히 한 국가의 이념을 이야기하는 것은 매우 조심스러운 일인데, 더 많은 사람이 알았으면 하는 주제이기도 하다. 더욱이 세계적으로 오르내리는 주제라면 더더욱 알 필요가 있는데, 안다는 것은 생각 이상의 힘이 있다고 생각한다.

항해를 마치고

From. Korea

해군 부사관이셨던 아버지를 따라 해군에 입대했다. 기왕 해군에 입대했으니 순항훈련이나 파병 둘 중 하나는 가고 싶었는데, 감사하게도 순항훈련에 가는 대청함에 승조할 수 있었다.

원래는 충무공 이순신함이라는 멋진 구축함에 타고 싶어 지원했는데, 뜬금없이 '갑판병의 지옥'이라 불리는 대청함에 가게 돼 약간 실망했던 기억이 있다. '대청함에 들어가면 전역할 때까지 기름 냄새가 빠지지 않는다.'라는 말은 훈련
소 때부터 유명했는데, 교관들이 말
하는 '가면 개고생 하는 배' 1, 2위를
다투던 배다.

특히 대청함을 눈으로 직관했을
때가 잊히지 않는다. 주렁주렁 달려
있는 거대한 기름 호스는 마치 영
화 속 악당들이 타는 배처럼 보였
다. 게다가 순항 전 수리를 해야 했기 때문에 출항 전까지 배를 거의
새것처럼 만들어야만 했다. 참고로 대청함은 나보다 2살이나 많은
배다.

힘든 일정 이외에도 고립된 함 생활 특성상 나의 군 생활이 전반
적으로 '평안했다.' 말할 수는 없겠지만, 분명 즐겁고 감사한 순간의

연속이었다. 왜 그때는 불평이 그리도 많았을까 약간의 후회도 남지만, 지나간 시간이기에 미래를 위한 거름이 되기를 바랄 뿐이다.

　그런데도 유독 아쉬움이 남는 것은 견시를 더 즐기지 못한 것이다. 고된 당직이기는 하지만 그때가 가장 신선놀음의 순간이 아니었나? 떠올려본다. 커피 한잔과 태평양의 노을이라니 … 사실 지금도 그 순간을 떠올리면 일장춘몽처럼 느껴진다.

　이럴 줄 알았으면 좀 더 눈에 담아둘 걸 그랬다.

　잠들기 전에는 여행지에서 느낀 감정과 경험을 일기장에 적었는데, 지금 글을 쓰고 있는 계기가 되었다. 그 당시에는 글을 즐겨 썼던 시기가 아니었기 때문에 그냥 생각나는 대로 끄적끄적 적었다. 적다 보니 생각이 꼬리를 물어 궁금증을 유발했고 이를 해결하기 위해 독서를 시작했다. 그렇게 차츰 논리를 구사하는 법을 배웠고 더 좋은 글을 쓰기 위해 노력하
는 시발점이 되었다. 물론 여전히
노력하는 중이지만, 사고의 폭이 넓
어진 것은 분명하다.

이뿐만 아니라 여행을 하면서
경험한 것들은 나에게 소중한 자산
이 되었다. 이때의 경험이 없었다
면, 지금의 나는 무얼 하고 있을지
상상이 되지 않는다. 물론 나 혼자
가 아닌 여러 동료들이 함께 있었기 때문에 더 값진 경험을 할 수 있
었다. 나 혼자였다면, 독일에서 뤼넨부르크를 생각하지 못했을 것
이고 영국의 웸블리 스타디움은 상상도 못 했을 것이다. 사실상 내
모든 이야기는 함께한 사람들과의 유대에서 비롯된 것일지도 모르
겠다.

여행에 관하여 이런저런 이야기를 해도 결국 누구와 함께 했느
냐가 가장 중요한 것 같다.

지구 어디라도 앉을 곳은 있다

동남아시아

From.

Boracay, Cambodia, Vietnam, Thailand, China

쾌락

From. Boracay

아르바이트해서 모은 돈으로 친
구와 보라카이를 갔다. '왜 여행지
를 보라카이로 정했는지, 무엇을 하
고 싶은지' 따위의 이유는 중요하지
않았다. 그저 입대를 한 달 앞두고
한국이 아닌 어디론가 떠나고 싶었다.

가벼운 마음으로 비행기를 탔지만, 돌아올 때는 적잖은 충격과
경험을 한 여행이다.

보라카이 해변에는 야외 클럽이 몇 군데 있다. 그 때문에 밖에서

안을 볼 수 있는데, 수많은 남, 여가 한 손에는 맥주병을 들고 서로의 신체를 밀접시킨 뒤, 춤인지 구애의 행동인지 모를 움직임을 선보였다. 신기한 건 그들 중 대부분은 초면

인 듯 보였다. 나와 친구는 그 광경을 마치 동물원의 원숭이를 보듯 구경한 뒤 다시 길을 걸었다.

한 5분쯤 걸었을까? 누군가 내 친구 어깨에 살포시 손을 올렸다. 깜짝 놀라 뒤를 돌아보니 나보다 더 건장한 남성과 여성 그 경계의 사람이 치명적인 미소를 발사하고

있었다. 그 혹은 그녀는 같이 술 한잔하자며 내 친구의 팔을 사정없이 잡아당겼다. 범상치 않은 힘에 신변의 위협을 느낀 우리는 손을 뿌리치고 헐레벌떡 숙소로 돌아왔다.

이후 일정이 진행되는 동안 비슷한 일들이 빈번하게 일어났는데, 주변을 둘러보니 우리만 동떨어진 섬에 있었다. 적어도 우리와

함께 여행 패키지를 진행했던 사람들은 쾌락의 맛을 조금이라도 더 느끼기 위해 몸부림치는 짐승처럼 보였다.

　'쾌락'의 사전적 의미는 감성의 만족, 욕망의 충족에서 오는 유쾌하고 즐거운 감정이다. 사람은 누구나 본능적으로 쾌락을 느끼며 원한다. 이는 당연하다. 하지만 우리는 '한순간의 쾌락'을 위해 시간을 허비하는 모습을 이곳저곳에서 발견할 수 있다. 이러한 현상의 문제점은 당사자에게 거대한 후폭풍으로 되돌아온다는 것이다. 그런데도 당사자는 알지 못한다. 지금 당장 눈앞에 있는 쾌락만 보이

기 때문이다.

어느 순간 바이러스처럼 퍼져버린 쾌락의 대가는 자신을 무너뜨리기에 이른다. 중장기적으로 자신에 대한 책임을 지지 않게 되는 것이다.

술로 예를 들자면, 사람들이 술을 마시는 부분적인 이유는 자신들의 책임을 없애기 위함이다. 정확히는 책임을 회피하기 위해 마시는 경우가 많다. 이는 마치 '나는 술을 많이 마실 거야. 왜냐하면 앞으로 중장기적으로 일어날 결과에 대해 신경 쓰고 싶지 않거든.'이라고 말하는 것과 같다. 그것이 정확히 술이 하는 일이기 때문이다. 술은 중장기적인 미래를 알지 못하게 하는 것이 아니라 그것에 대해 신경 쓰지 않게 한다. 부분적으로 걱정을 약화시키기 때문인데, 걱정을 약화시킨다는 것은 긍정적인 감정 회로에 영향을 주지 않는다는 것을 의미한다. 따라서 술을 진탕 마시고 제어 불능한 상태로 어리석고 재미있는 일들을 하는 것이다. 이러한 사실을 놓고 볼 때 결코 긍정적인 영향이 아님을 알 수 있다. 분명 다른 좋은 선택지도 존재할 것이다.

순간의 쾌락이 우리의 장기적인 인생을 좀먹지 않길 바란다.

운명을 믿으십니까?

From. Cambodia

 마사지를 받으러 가는 길. 별안 간 내가 타고 있던 뚝뚝이가 멈춰 섰다. 무엇인가 길을 가로막은 모양 이었다. 뚝뚝이 기사는 그 무언가를 피하려고 핸들을 살짝 돌렸는데, 그 때 내 시야에 들어온 건 다름 아닌 누워있는 한 남자였다.

다만, 남자의 검붉은 피가 황토색 땅을 적시고 있었고 죽었는지 살았는지 아무런 미동조차 없었다는 점이 일반적이지 않았다. 그런 데도 이상하리만큼 주변 사람들은 그에게 무관심했다.

동행한 가이드가 말하길 캄보디아는 운명론적인 문화가 뿌리 깊게 박혀서 '저 사람은 오늘 오토바이에 치여 죽을 운명이었던 거야.'라며 방치하는 것이라고 설명했다. 게다가 타인의 운명에 관여할 경우 수많은 귀신이 달라붙을 것이라는 샤머니즘적인 생각도 한몫했다. 물론 캄보디아의 열악한 의료시설과 값비싼 병원비도 이유 중 하나겠지만, 그렇다고 해서 위급한 사람을 길바닥에 방치하는 상황이 정상적으로 보이지 않았다.

다소 극단적인 일화였지만, 생각보다 우리 주변, 심지어 나 자신도 운명론적인 사고에 휘둘리는 것을 종종 경험한다. '운명론'이라는 것을 쉽게 이야기하자면, 내가 어떻게 살든 얼마만큼 노력든지

간에 내 인생은 정해진 운명대로 흘러갈 것이라는 이론이다. 우리가 자주 사용하는 용어 중 '될놈될'이라는 표현이 대표적인데, 이를 심각하게 받아들이는 사람은 자칫 매너리즘에 빠지기도 한다. 즉, 인생에 활력이 사라지는 것이다.

그러나 분명히 말할 수 있다. 우리의 인생은 수많은 선택의 기로에 놓여 있으며, 그 선택을 하는 것은 우리 자신이다. 우리는 선택을 통해 좋은 것과 나쁜 것, 해야 하는 것과 하지 말아야 할 것을 데이터로써 분류하고 축적한다. 그 때문에 선택 이후 발생하는 결과를 기대할 수도

있는 것이다. 다만, 그 결괏값을 책임져야 하는 것 또한 개인의 몫이다.

인생은 선택과 책임의 연속이다.

이를 근본적인 사회 문제로도 들여다볼 수 있는데, 만약 개개인이 능동적인 주체가 아니라면, 집단이 이루어지기 어려울 것이다. 어렵게 집단이 결성된다 해도 사회는 즉시 붕괴하거나 전체주의에 빠지게 될 것이다.

결국 당신의 인생은 당신의 선택과 책임으로 이루어진다.

나의 든든한 빽

From. Vietnam

베트남 하롱베이에 가면, 파도가 치지 않는 것을 볼 수 있다. 이는 1,969개의 크고 작은 섬이 방파제 역할을 하기 때문이다. 하롱베이의 '하'는 '내려온다', '롱'은 '용'이란 뜻으로 하늘에서 용이 내려와 입에서 보석과 구슬을 내뿜었고 그 구슬이 수많은 바위가 되어 침략자를 물리쳤다는 전설에서 유래되었다.

전설의 영향 때문일까? 하롱베이는 역사적으로 수호자의 역할

을 감당해야 했다. 바다에서 육지로 들어가는 입구의 특성상 외세와의 해전에서 주 무대가 되었기 때문이다. 재밌는 사실은 중국, 몽고군, 심지어 미국조차 하롱베이를 뚫어내지 못했는데, 월남전 당시 미군이 깔아놓은 기뢰는 상당수가 제거되지 못해 여전히 위협으로 남아있다.

또한 파도가 치지 않는다는 특성상 20~30가구가 모여 사는 수상마을이 다섯 군데 자리하고 있다. 이렇듯 하롱베이는 베트남 국민에게 평안한 휴식처와 든든한 방패로서의 상징이 되었다. 게다가 외부인에게는 아름다운 경관을 보여줌으로써 환상적인 기억을 선물하고 돌려보낸다.

베트남 사람에게 하롱베이가 그렇듯 나에게는 가족이 든든한 빽이다. 감사하게도 나는 가족의 따뜻한 관심과 응원 덕분에 행복하게 살고 있다. 특히 살다 보면 언제나 문제가 생기기 마련인데, 그럴 때마다 나에게 피난처가 되어주었다. 태어날 때부터 자연스레 속해진 공동체지만, 가족이라는 형태는 생각보다 간단한 개념이 아니다.

최광현 교수님의 책 [가족의 발견]에 따르면, '가족은 우리에게 울타리를 제공하지만 모든 가족 구성원이 그 안에서 소속감을 느끼는 것은 아니다. 그런데도 우리는 가족

에 소속되기 위해 노력하고 심지어 자신을 희생하기도 한다. 가족으로부터의 소속감은 나의 심리적 안정감의 원천이기 때문이다.'라고 이야기한다. 즉, 가족 구성원이 되는 것과 그 안에서 소속감을 느끼는 것은 다른 문제라는 것이다.

누구나 가족이라는 울타리에 속해있다. 또한 가족이 마지막 피난처임도 틀림없다. 하지만 모두가 울타리 안에서 행복한 것은 아

니다. 많은 사람이 가족이라는 울타리 안에서 소속감을 느끼지 못해 외로움을 느끼고 불안을 품기도 한다. 그 때문에 가족 안에서 여러 갈등이 발생한다.

[가족의 발견]에서는 '상처 입은 소속감은 따뜻한 신뢰로 치유한다.'라고 말한다. 덧붙여 말하길 '소속감의 상처는 신뢰의 상처이다.

사람과 사람 사이에는 신뢰를 형성할 수 있는 기회가 없었던 것이다. 사람과 사람 사이에 만들어지는 신뢰에는 치유의 힘이 있다. 신뢰 관계를 통해 나는 더 이상 혼자가 아니며 더는 혼자 버티지 않아도 된다는 사실에 큰 위로와 힘을 얻을 수 있다. 단, 잊지 말아야 할 것이 있다. 신뢰 관계의 형성과 지속은 상대만의 책임이 아닌 나의 책임이기도 하다.'라고 말한다.

만약 가족 공동체 안에서 힘들어하고 있다면, 천천히 신뢰를 쌓아가며 회복해 나가길 바란다. 내가 생각하기에 결국 위기의 순간 당신의 손을 잡아줄 사람들은 가족 구성원들이다. 그런데도 어렵다고 느껴질 때면 독일의 심리학자 이름트라우트 타르의 말을 기억하면 좋겠다.

"가족 안에는 태초부터 내려오는 신뢰가 존재한다."

공포를 느끼십니까?

From. Thailand

 태국 끄라비에 가면 아는 사람만 안다는 스노클링 명소가 있다. 익스트림 스포츠를 좋아하는 우리 가족은 혹여 좋은 스폿을 놓칠세라 빠르게 보트 한 척과 현지인 두 명의 안내를 받아 어느 무인도에 도착했다. 바다 한가운데서 스노클링을 즐기는 게 일반적인 방식이지만, 우리는 모래사장에 자리를 깔고 원할 때마다 바다로 향했다.

이러한 방식은 자유롭게 활동할 수 있다는 장점이 있지만, 자유를 택한 대신 치명적인 약점이 있었다. 그만큼 위험에 노출되기 쉽

다는 것이다. 예상했다시피 이야기의 흐름상 위험에 노출된 건 다름 아닌 '나'였다.

과학 시간에 졸았던 결과일까? 나는 퇴적작용과 침식작용을 잊고 있었다. 즉, 모래사장의 수심은 급격하게 떨어진다는 사실을 인지하지 못했다. 그 때문에 신나게 수영을 즐기던 나는 어느 순간 지면에 발이 닿지 않게 되었고 패닉 상태에 빠졌다. 그때 보았던 바닷속 풍경을 잊지 못하는데, 그야말로 어둠. 고요한 공포 그 자체였다. 어린 나이에 죽기 싫었던 나는 한 가지 기지를 발휘했다. 바로 바닷속으로 들어가는 것이었다. 지면에 발이 닿는다면 추진력을 이용해 수면으로 올라갈 심산이었다. 다행히도 이 방법은 통했고 어린 나이에 생을 마감하지 않아도 됐다.

이후 나는 심해에 대한 공포를 느끼게 되었다. 물에 들어갈 때는 무조건 구명조끼를 입었고 애당초 혼자서는 물에 들어가지 않았다. 물론 해군에 입대해 여러 차례 반강제로 물에 들어가다 보니 자연스레 공포를 느끼지 않게 되었다. 물에 대한 공포보다 휴가를 나가지 못할 것이란 공포가 더 컸던 모양이다.

우리는 종종 예상치 못한 일들을 맞닥뜨리게 된다. 하지만 나의 예상과 현실의 차이가 벌어지면 벌어질수록 불안이나 공포를 느낀다. 물론 호기심도 찾아오지만, 불안과 공포가 먼저 찾아온다. 주로 미래에 대한 목표를 설정했을 때 이러한 경험을 많이 한다.

대표적인 예로 대학 입시를 들 수 있는데, 과거의 나를 포함해서 10대들은 20대의 첫걸음인 대학을 가장 중요하게 생각한다. 그로 인해 10년이라는 시간을 노력하는데, 모두가 목표한 바를 이루는 것은 아니며, 계획과는 전혀 다른 방향으로 흘러가는 것을 경험한다. 이에 좌절하는 사람들이 생기고 20대의 시작을 절망과 함께 낭비하는 불상사도 발생한다.

그렇다면 어떻게 두려움을 극복할 수 있을까? 이에 조던 피터슨 교수가 제시한 대표적인 방법 3가지가 있다.

첫 번째는 변화를 쉽게 받아들이는 유연한 사고를 하는 것이다. 비록 속은 좀 쓰리겠지만, 좌절하며 절망하는 시간에 이성적인 판단을 하고 후일을 도모할 수 있는 원동력으로 삼을 수 있다.

두 번째는 더 많은 자원을 투자하는 것이다. 자원이란 시간, 노력, 고집, 물질, 등 목표를 이루는 데에 있어 필요한 모든 것을 말한다. 이런 경우 첫 번째 경우보다 더한 고통을 겪겠지만, 목표한 바를 이루었을 때 얻는 성취감이란 이루 말

할 수 없을 것이다. 대표적인 예로 재수가 있다.

마지막 세 번째는 삶의 여러 분야, 여러 국면에 다양한 자기 정체성을 세우는 것이다. 나는 개인적으로 이 세 번째 경우를 추천하고 나또한 그렇게 살아가기 위해 노력하

고 있다. 이 경우 급작스레 발생하는 충격을 최소화할 수 있으며, 그 과정에서 더 많은 견문을 넓힐 수 있다. 그렇게 얻어진 경험은 중첩되어 나의 예상과는 다른 새로운 성취감을 느낄 수 있게 한다.

결국 계속해서 새로운 꿈을 꿀 수 있게 되는 것이다.

중국 여행을 가는 이유

From. China

솔직히 중국 여행을 그리 좋아하지 않는다. 다른 나라에 비해 많이 방문하기는 했지만, 여행을 갈 때마다 매번 심리적 불편함을 느끼기 때문이다. 전공이 중국어과이기 때문일까? 여행 내내 듣기 평가를 하는 것 같았다. 그러나 긍정적으로 생각해보면, 공부는 되니까 나름의 위안을 삼았다.

그렇다면 정돈되지 않은 환경이 원인일까? 허베이사범대학교에서 공부하던 시절 지독한 황사로 인해 방독면을 쓰는 사람까지

봤다. 자욱한 먼지로 인해 500m 앞의 건물이 희뿌옇게 보이는데, 외출할 때마다 건강을 잃는 기분이었다. 게다가 도시 곳곳에서 풍기는 역한 냄새가 미간을 움츠리게 만들었다. 그 때문에 중국서 생활할 때는 향긋한 홍차와 백차를 입에 달고 살았다.

여러 가지 이유가 있지만, 결정적으로 사람에게 가장 많은 불편함을 느꼈다. 음식점에서 담배 피우는 사람, 상한 음식을 파는 사람, 새치기하는 사람, 길거리 아무데서나 볼일 보는 사람 등등 사람으로 인해 불편함을 느끼는 경우가 다반사다. 게다가 관광지 어디를 가든 수많은 인파가 몰려들었는데, 내 체력이 그들에게 흡수되는 것 같았다.

이외에 수많은 이유가 있지만, 그런데도 중국 여행을 자주 가는 이유는 불편을 감수할 만큼 볼거리가 많기 때문이다. 특히 중국 하

면 떠오르는 크고 웅장한 자연경관과 건축물은 가히 경이로웠다. 그 앞에 가만히 서 있으면, 마치 압도되는 것만 같았다. 아마 수많은 시간 동안 축적되어온 나름의 무게감이 아닐까 생각된다.

특히 장가계에 가면 자연이 만들어낸 섬세한 아름다움을 만날 수 있다. 수많은 산봉우리가 모여 마치 무협지의 한 장면이 떠오르는 그곳은 메말랐던 상상력을 자극하기도 한다. 실제로 영화 <아바타>의 촬영지이기도 한 이곳은 수많은 예술가에게 영감을 선사했을 것이다. 아마 시간이 지나도 장가계는 그 자리에서 감동과 영감을 줄 것이다.

사실 그러면 좋겠다.

인간의 욕심으로 인해 망가뜨
리지 않았으면 좋겠다. 베이징에 있
는 자금성을 갔을 때 복원한답시고
빨간 페인트를 덕지덕지 바르는 모
습을 봤다. 또한 만리장성의 무너진
부분을 복원했다기에 찾아갔는데,
시멘트가 들이부어져 있었다. 문제
의 심각성은 문화재뿐만 아니라 자
연경관에도 드러났다. 유명한 산의
정상에는 빨간 글씨가 새겨졌으며,
뜬금없이 거대한 조형물이 설치되기도 했다.

내가 생각하는 자연경관의 중요
성은 그저 아름다움에 그치지 않는
다. 후대에까지 전달할 수 있는 거
의 유일한 감동이라는 점에서 그
중요성이 두드러진다. 즉, 우리에게

는 보존된 자연 그대로의 모습을 후대에 전달할 의무가 있는 것이다.

지금 환경오염 문제를 이야기하는 것이 아니다. 그 부분은 나도 미흡한 부분이 많기에 딱히 할 수 있는 말이 없다. 하지만 최소한 인간의 손으로 산에 문신은 새기지 말자는 말을 하고 싶다. 더욱이 역사적 유물에 현재 자신들의 생각을 각인하지 않았으면 좋겠다. 그건 그저 자기 과시로밖에 보이지 않는다.

즉, 내가 다시 여행을 갈 이유가 사라지지 않으면 좋겠다.

지구 어디라도 앉을 곳은 있다

여행을 마치며

From,

Korea

여행을 마치며

From. Korea

이제 내 여행은 끝이 났다. 멋들어지게 새로운 시작이라 말할 수 있지만, 어찌 되었든 끝은 끝이니까…

막상 여행에 대한 글을 다 썼다고 생각하니 시원섭섭하다. 더 잘 쓸 수 있었는데 하는 보편적인 아쉬움도 있다. 그런데도 역시 시원함이 더 큰 이유는 하고 싶은 이야기를 다 했기 때문이다. 게다가 30편 가까이 되는 글을 쓰는 동안 '꾸준함'을 배웠으니 덕분에 귀한 경험을 했다.

처음 글을 썼을 때가 생각난다. '다른 사람은 일본 한 곳만 가도 책을 내는데, 나라고 못 할게 뭐람?'이라고 생각했던 나의 어리숙함이 떠올라 웃음이 난다. 역시 글을 쓰는 건 어렵다. 일기도 아니고 공개된 글을 쓴다는 건 더더욱 어려운 일이다. 정답은 없다고 말하지만 사람마다 좋은 글의 기준이 있어서 매우 어렵다.

쓰면 쓸수록 책을 더 읽게 되고 더 많은 시간을 투자해야 하는 것이 글쓰기다. 그래야만 나의 글에 힘이 실리고 공감을 얻어내기 때문이다. 덕분에 본격적으로 독서를 하는 계기가 되었다. 물론 그동안 쓴 모든 글이 사람들의 공감을 형성한 것은 아니다. 하지만 가끔 잘 읽었다는 응원에서 내가 글을 써야 하는 이유를 찾는다. 누군가는 내 글을 읽고 고개를 끄덕였다는 의미니까 그거면 충분하고도 남는다.

바쁜 인생을 살아가는 당신의 눈에 아주 조그만 창문이 되길 바라며 …